上海市工程建设规范

路面装配式修复技术标准

Technical standard for pavement rehabilitation using precast technology

DG/TJ 08—2380—2021

J 15916—2021

主编单位：上海市道路运输事业发展中心
同济大学

批准部门：上海市住房和城乡建设管理委员会

施行日期：2022 年 1 月 1 日

同济大学出版社

2022　上海

图书在版编目(CIP)数据

路面装配式修复技术标准 / 上海市道路运输事业发展中心，同济大学主编. —上海：同济大学出版社，2022.2

ISBN 978-7-5765-0090-5

Ⅰ.①路… Ⅱ.①上… ②同… Ⅲ.①路面－公路养护－技术标准－上海 Ⅳ.①U418.6-65

中国版本图书馆 CIP 数据核字(2022)第 003593 号

路面装配式修复技术标准

上海市道路运输事业发展中心
同济大学
主编

策划编辑 张平官
责任编辑 朱 勇
责任校对 徐春莲
封面设计 陈益平

出版发行 同济大学出版社 www.tongjipress.com.cn
(地址：上海市四平路 1239 号 邮编：200092 电话：021－65985622)
经 销 全国各地新华书店
印 刷 浦江求真印务有限公司
开 本 889mm×1194mm 1/32
印 张 2
字 数 55 000
版 次 2022 年 2 月第 1 版 2022 年 2 月第 1 次印刷
书 号 ISBN 978-7-5765-0090-5
定 价 20.00 元

上海市住房和城乡建设管理委员会文件

沪建标定〔2021〕513号

上海市住房和城乡建设管理委员会
关于批准《路面装配式修复技术标准》
为上海市工程建设规范的通知

各有关单位：

由上海市道路运输事业发展中心和同济大学主编的《路面装配式修复技术标准》，经我委审核，现批准为上海市工程建设规范，统一编号为DG/TJ 08—2380—2021，自2022年1月1日起实施。

本规范由上海市住房和城乡建设管理委员会负责管理，上海市道路运输事业发展中心负责解释。

特此通知。

上海市住房和城乡建设管理委员会

二〇二一年八月十日

前言

为推广路面装配式修复技术在本市公路、城镇道路维修中的应用，根据上海市住房和城乡建设管理委员会《关于印发〈2019 年上海市工程建设规范、建筑标准设计编制计划〉的通知》（沪建标定〔2018〕753 号）的要求，由上海市道路运输事业发展中心、同济大学等单位组成编制组，承担《路面装配式修复技术标准》的编制工作。编制组在大量研究和调查的基础上，总结了路面装配式修复工程的实践经验，参考了相关的国家及行业标准，经广泛征求意见，制定了本标准。

本标准主要包括：总则；术语和符号；基本规定；材料；结构与构造设计；路面板预制；施工；质量检验。

各单位及相关人员在本标准执行过程中，请注意总结经验，积累资料，并将有关意见和建议反馈至上海市交通委员会（地址：上海市世博村路 300 号 1 号楼；邮编：200125；E-mail：shjtbiaozhun@126.com）、同济大学（地址：上海市曹安公路 4800 号；邮编：201804；E-mail：hdzhao@outlook.com）、上海市建筑建材业市场管理总站（地址：上海市小木桥路 683 号；邮编：200032；E-mail：shgcbz@163.com），以供修订时参考。

主 编 单 位：上海市道路运输事业发展中心
同济大学

参 编 单 位：上海同科交通科技有限公司
上海路港建设工程有限公司
上海市同济市政公路工程咨询有限公司
上海市城市建设设计研究总院（集团）有限公司
上海公路桥梁（集团）有限公司
上海同济检测技术有限公司

主要起草人：赵鸿铎　李　青　姚颖东　许　永　赵举飞
杨　戈　程向辉　石　磊　黄　斐　梁济丰
赵基焕　马鲁宽　钱　鑫　周　丹　严　军
蔡　明　佘燕屏　蔡爵威

主要审查人：朱惠君　许志鸿　蔡　氧　顾顺利　乐海淳
黄崇伟　郑晓光

上海市建筑建材业市场管理总站

目　次

Contents

1 总 则

1.0.1 为规范本市路面装配式修复工程的实施，制定本标准。

1.0.2 本标准适用于各等级公路和城镇道路路面装配式修复工程的设计、施工及质量验收。

1.0.3 路面装配式修复的设计、施工及质量验收除应符合本标准外，尚应符合国家、行业和本市现行有关标准的规定。

2 术语和符号

2.1 术 语

2.1.1 路面装配式修复 pavement rehabilitation using precast technology

使用预制完成、质量满足要求的水泥混凝土路面板对破损路面进行替换以快速恢复路面使用性能的路面修复措施。

2.1.2 传力杆(拉杆)槽 dowel bar (tie bar) slot

在装配式路面接缝处预留的用以保证传力杆(拉杆)放置的槽口。

2.1.3 槽口灌浆 dowel bar (tie bar) slot grouting

往传力杆(拉杆)槽内注入可固化浆液以填充槽口完成接缝处理的技术。

2.1.4 板底功能层 functional layer underneath the panel

板底注浆后在面层与基层间起到填充和支撑作用的薄层。

2.1.5 异形板 non-planar panel

为适应表面为非平面的修复区域而单独设计的空间扭曲板。

2.1.6 起吊调平构件 lifting and leveling hardware

具备起吊及现场调平功能的构件,包括板块起吊构件和调平构件。

2.1.7 吊位比 lifting position distance ratio

吊点距最近横边(纵边)的距离与纵边(横边)长度的比值。

2.1.8 分仓式注浆 compartment grouting

使用密封条将板底分为多个区域进行注浆的工艺。

2.1.9 中心扩展式注浆 central diffusion grouting

通过向板中心的注浆孔加压使得浆液向四周扩散的注浆工艺。

2.1.10 导流槽 guiding gutter

预制于装配式路面板板底以降低浆液扩散阻力、提高注浆效果的特殊构造。

2.1.11 释放孔 release pressure hole

分仓式注浆中用于释放空气，并可观察浆液充盈度的贯穿孔。

2.1.12 维压孔 pressure monitoring hole

中心扩展式注浆中监测注浆压力的贯穿孔。

2.1.13 拆装式接缝构件 removable joint hardware

可进行二次或多次拆装的板块连接构件。

2.1.14 整板起吊 intact panel lifting

为快速破除旧路面，采用特制钢梁将结构相对完整的旧路面板与基层分开并吊离的工艺。

2.1.15 基层整平 base levelling

旧路面破除后，当基层平整状况不佳时，使用特定工艺对基层进行平整处理。

2.2 符 号

b——装配式路面板短边长度；

l——装配式路面板长边长度；

c_v——变异系数；

f_r——混凝土弯拉强度标准值；

f_{rm}——混凝土弯拉强度的均值；

h——水泥混凝土板厚度；

IRI——国际平整度指数；

MO——梯形(矩形)中部容许误差；

s——混凝土弯拉强度标准差；

t_c——保证率系数；

w——板块间的最大间距；

σ_{pr}——面层板在临界荷位处产生的行车荷载疲劳应力；

σ_{tr}——面层板在临界荷位处产生的温度梯度疲劳应力；

$\sigma_{p,max}$——最重的轴载在临界荷位处产生的最大荷载应力；

$\sigma_{t,max}$——所在地区最大温度梯度在临界荷位处产生的最大温度翘曲应力；

γ_r——可靠度系数；

λ——吊位比。

3 基本规定

3.0.1 路面装配式修复适用于水泥混凝土路面和沥青路面的结构性修复。

3.0.2 水泥混凝土路面装配式修复工程宜采用整板修复。

3.0.3 修复区域的范围宜符合现行上海市工程建设规范《公路技术状况评定规程》DG/TJ 08—2095 和《城市道路养护技术规程》DG/TJ 08—92 的规定。

3.0.4 路面装配式修复工程应与现有管线、井圈等特殊构造物相协调。

3.0.5 路面装配式修复工程宜应用能提高修复效率的新技术、新工艺。

4 材 料

4.1 水泥混凝土

4.1.1 公路装配式修复和城镇道路装配式修复所用水泥混凝土原材料的技术要求应分别符合现行行业标准《公路水泥混凝土路面施工技术细则》JTG/T F30 和《城镇道路路面设计规范》CJJ 169 的相关规定。

4.1.2 重、特重和极重交通荷载等级的道路所用水泥混凝土设计弯拉强度不应小于 5.0 MPa，其他交通荷载等级的道路所用水泥混凝土设计弯拉强度不应小于 4.5 MPa。

4.1.3 公路和城镇道路的装配式路面板预制所用水泥混凝土宜按现行行业标准《公路水泥混凝土路面施工技术细则》JTG/T F30 的要求进行配合比设计。配合比设计时的混凝土试配 28 d 龄期弯拉强度均值应按式(4.1.3)确定：

$$f_{rm}=\frac{f_r}{1-1.04\ c_v}+t_c s \qquad (4.1.3)$$

式中：f_{rm}——混凝土试配 28 d 龄期弯拉强度的均值(MPa)；

f_r——混凝土试配 28 d 龄期弯拉强度的标准值(MPa)；

c_v——混凝土 28 d 龄期弯拉强度的变异系数；

s——混凝土 28 d 龄期弯拉强度试验样本的标准差；

t_c——保证率系数，按表 4.1.3 确定。

4.1.4 水泥混凝土弯拉强度应按现行行业标准《公路工程水泥及水泥混凝土试验规程》JTG 3420 进行测试。

表 4.1.3 保证率系数 t_c

道路等级	判别概率 p	样本数 n（组）				
		3	6	9	15	20
高速公路或快速路	0.05	1.36	0.79	0.61	0.45	0.39
一级公路或主干路	0.10	0.95	0.59	0.46	0.35	0.30
二级公路或次干路	0.15	0.72	0.46	0.37	0.28	0.24
三、四级公路或支路	0.20	0.56	0.37	0.29	0.22	0.19

4.2 接缝材料

4.2.1 高速公路、一级公路或快速路、主干路的填缝料可选择硅酮类、改性聚硫类材料，其余等级道路可选择橡胶沥青类、改性沥青类材料。

4.2.2 装配式路面槽口灌浆材料宜采用水泥砂浆类材料，水泥、砂、外加剂等原材料应符合国家现行相关标准的规定。

4.2.3 水泥砂浆类槽口灌浆材料的性能应符合表 4.2.3 的规定。

表 4.2.3 水泥砂浆类槽口灌浆材料技术要求

试验指标	单位	技术要求	试验方法
开放交通时的抗压强度	MPa	≥20.0	按现行行业标准《公路工程水泥及水泥混凝土试验规程》JTG 3420 进行
28 d 抗压强度	MPa	≥40.0	
冻融损失(25 次循环，10% NaCl)	%	≤1.0	
初凝时间	min	≥15	
氯化物含量	%	≤0.05	
硫酸盐含量	%	≤5.0	

4.3 板底注浆材料

4.3.1 板底注浆材料宜使用高流动性砂浆，可选择微膨胀或不收缩水泥砂浆、乳化沥青水泥砂浆、地聚合物砂浆等材料，注浆原材料技术要求应符合现行上海市工程建设规范《道路注浆加固技术规程》DG/TJ 08—2240 的相关规定。

4.3.2 板底注浆材料性能应符合下列规定：

1 板底注浆材料应具有较好的流动性和流动性维持能力，浆液的流动度不得小于 340 mm，可工作时间不得少于 30 min。

2 浆液应均匀且无泌水。

3 板底注浆材料各时期的抗压强度应符合下列规定：

1）撤去调平螺杆时，板底注浆材料的抗压强度不应小于 0.35 MPa；

2）开放交通时，板底注浆材料的抗压强度不应小于 2.0 MPa。

4.3.3 板底注浆材料性能可按现行行业标准《公路工程水泥及水泥混凝土试验规程》JTG 3420 进行测试。

4.4 加铺层材料

4.4.1 装配式复合路面的加铺层材料可选用普通沥青混合料或超薄磨耗层材料。

4.4.2 普通沥青混合料应符合现行行业标准《公路沥青路面施工技术规范》JTG F40 的相关规定，其试验方法应按现行行业标准《公路工程沥青及沥青混合料试验规程》JTG E20 执行。

4.4.3 超薄磨耗层材料应符合下列规定：

1 沥青结合料宜采用改性沥青。

2 超薄磨耗层黏层材料应具有良好的黏结性能和抗水损特性，可采用高黏度改性乳化沥青或不粘轮改性沥青。

3 粗集料、细集料和填料技术指标应符合现行行业标准《公路沥青路面施工技术规范》JTG F40 的相关规定。

4 混合料矿料级配及混合料性能应符合现行行业标准《公路沥青路面养护技术规范》JTG 5142 的相关规定。

4.5 其他材料

4.5.1 吊环及起吊调平构件材料应符合现行国家标准《钢结构设计标准》GB 50017 的相关规定。

4.5.2 钢筋的技术要求应符合现行行业标准《公路水泥混凝土路面施工技术细则》JTG/T F30 的相关规定。

5 结构与构造设计

5.1 一般规定

5.1.1 路面装配式修复的结构组合包括装配式水泥混凝土路面结构和装配式复合路面结构，宜采用如图 5.1.1-1 及图 5.1.1-2 所示的结构形式。

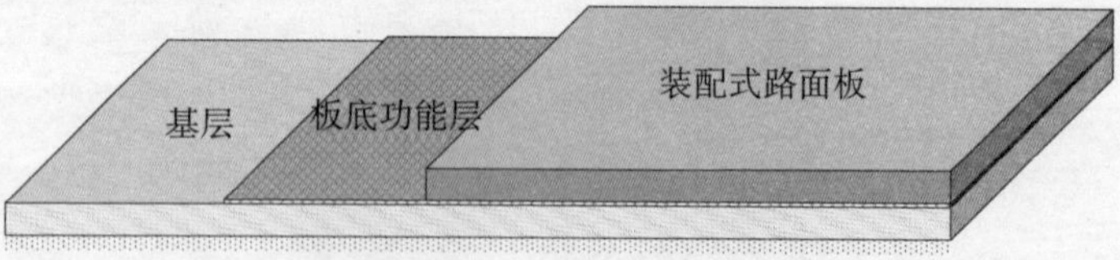

图 5.1.1-1 装配式水泥混凝土路面结构组合示意图

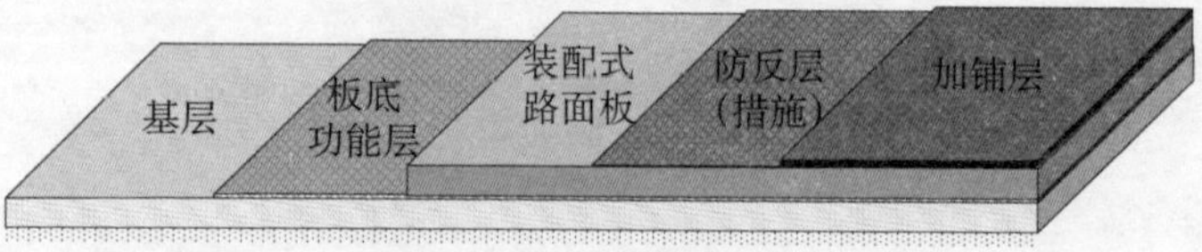

图 5.1.1-2 装配式复合路面结构组合示意图

5.1.2 路面装配式修复的结构与构造设计应遵循修复路面与原有路面协同工作、经济实用的原则。

5.1.3 路面装配式修复的结构与构造设计应综合考虑现有路面状况及施工便捷性等。

5.2 旧路检测

5.2.1 待修复区域的三维信息、路面结构参数、路面结构状况及道路建筑限界范围内的附属设施分布情况等，应在结构与构造设计前通过检测确定。

5.2.2 三维信息检测应符合下列规定：

1 旧路路面高程及平面位置宜采用全站仪检测，大面积修复可采用三维扫描设备、移动摄影测量等新型手段进行检测。

2 水泥混凝土路面修复工程的高程测点纵向每块板等距不宜少于3个，横向每块板等距不宜少于3个；沥青路面修复工程的高程测点纵向每10 m等距不宜少于5个，横向每车道等距不宜少于3个。

3 高程检测误差不应大于2 mm，平面位置检测误差不应大于5 mm。

5.2.3 路面结构层厚度检测应符合下列规定：

1 旧路路面的结构层厚度可采用钻芯法进行检测。对水泥混凝土路面，每块板钻芯点数量不宜少于4个，3个位于板角，1个位于板中，其余钻芯点可根据需要确定；对沥青路面，钻芯点纵向每10 m等距不宜少于2个，横向每车道等距不宜少于2个。

2 大面积修复的结构层厚度可采用超声脉冲波法、探地雷达法进行检测，检测前应随机选择部分区域（所选面积不应小于总面积的5%）使用钻芯法进行厚度校核。

5.2.4 路面基层顶面当量回弹模量等结构参数的检测宜按现行行业标准《公路水泥混凝土路面设计规范》JTG D40和《公路沥青路面养护技术规范》JTG 5142的相关规定执行。

5.2.5 路面的结构状况应按现行上海市工程建设规范《公路技术状况评定规程》DG/TJ 08—2095和《城市道路养护技术规程》DG/TJ 08—92的相关规定进行评估。

5.2.6 修复路段上进口坡、侧平石、排水设施及电力通信保障设施等道路附属设施的相关参数应通过实地调查及相关设计资料获取。

5.3 普通区域结构设计

5.3.1 装配式路面板的平面尺寸应符合下列规定：

1 大面积水泥混凝土路面装配式修复的路面板宽度和长度宜为 2.50 m～5.00 m；局部修复的路面板平面尺寸宜与旧路面板平面尺寸保持一致。

2 沥青路面装配式修复的路面板平面尺寸宜结合修复区域的面积确定，长度和宽度不宜超过 5.00 m。

5.3.2 板底功能层厚度应结合设计高程、预制板厚及基层状况等条件确定，宜为 10 mm～30 mm。

5.3.3 水泥混凝土路面大面积修复的装配式路面板厚度应在厚度设计计算的基础上考虑板底功能层厚确定；水泥混凝土路面局部修复的装配式路面板厚度应综合考虑旧路检测厚度和板底功能层厚确定。

5.3.4 水泥混凝土路面修复的装配式路面板厚度设计应采用设计基准期内行车荷载和温度梯度综合作用下不产生疲劳断裂作为设计标准，并以最重轴载和最大温度梯度综合作用下不产生极限断裂作为核验标准。其极限状态表达式可分别采用式(5.3.4-1)和式(5.3.4-2)。

$$\gamma_r(\sigma_{pr}+\sigma_{tr})\leqslant f_r \quad (5.3.4\text{-}1)$$

$$\gamma_r(\sigma_{p,\max}+\sigma_{t,\max})\leqslant f_r \quad (5.3.4\text{-}2)$$

式中：σ_{pr}——面层板在临界荷位处产生的行车荷载疲劳应力(MPa)；

σ_{tr}——面层板在临界荷位处产生的温度梯度疲劳应力(MPa)；

$\sigma_{p,\max}$——最重的轴载在临界荷位处产生的最大荷载应力(MPa)；

$\sigma_{t,max}$——所在地区最大温度梯度在临界荷位处产生的最大温度翘曲应力(MPa)；

γ_r——可靠度系数，分别根据现行行业标准《公路水泥混凝土路面设计规范》JTG D40 及《城镇道路路面设计规范》CJJ 169 选取；

f_r——水泥混凝土弯拉强度标准值(MPa)。

σ_{pr}，σ_{tr}，$\sigma_{p,max}$，$\sigma_{t,max}$可分别按现行行业标准《公路水泥混凝土路面设计规范》JTG D40 和《城镇道路路面设计规范》CJJ 169 计算，最小路面板厚度应符合对应规范的相关规定。

5.3.5 装配式复合路面的加铺层厚度宜符合下列规定：

1 当加铺层为超薄磨耗层时，加铺层厚度宜为集料最大公称粒径的 2.2 倍～2.5 倍。

2 当加铺层为普通沥青混合料时，加铺层厚度宜按现行行业标准《公路水泥混凝土路面设计规范》JTG D40 或《城镇道路路面设计规范》CJJ 169 的有关规定执行。

5.3.6 装配式复合路面的路面板厚度设计应符合下列规定：

1 装配式路面板厚度设计标准应符合本标准第 5.3.4 条的规定。

2 当加铺层为超薄磨耗层时，装配式路面板厚度设计宜按现行行业标准《公路水泥混凝土路面设计规范》JTG D40 中混凝土板的厚度设计方法执行，不考虑加铺层影响。

3 当加铺层为普通沥青混合料时，装配式路面板厚度设计可按现行行业标准《公路水泥混凝土路面设计规范》JTG D40 中加铺层的设计方法执行。

5.3.7 装配式复合路面应根据实际情况有针对性地设置相应的反射裂缝预防或减缓措施。

5.3.8 装配式路面板的配筋设计应符合下列规定：

1 装配式路面板的配筋应能平衡板块收缩受阻时产生的拉力，配筋设计应按现行行业标准《公路水泥混凝土路面设计规范》

JTG D40 中钢筋混凝土面层的方法执行。

2　为满足起吊和运输过程中的安全性要求，装配式路面板的配筋应符合正截面承载力计算要求，同时应符合现行国家标准《混凝土结构设计规范》GB 50010 的相关规定。

5.4　特殊区域结构设计

5.4.1　含有井圈等构造物的特殊板块，井圈等构造物与装配式路面板应集成预制。

5.4.2　对平曲线弯道处的修复，装配式路面板平面形状及尺寸应符合下列规定：

1　装配式路面板平面形状宜设计为如图 5.4.2-1 所示的梯形。梯形斜边应沿平曲线半径指向圆心，梯形板块的最大下底长 L_1 应根据以直代曲的梯形中部容许误差 MO 确定，MO 取 10 mm。

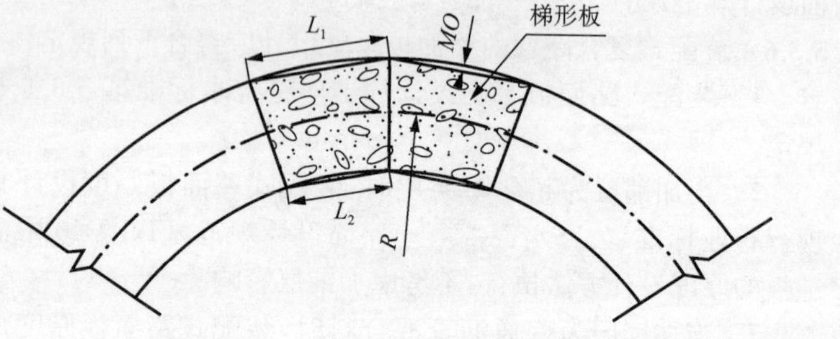

图 5.4.2-1　梯形板块平面布置及尺寸

2　平曲线半径不小于 2 000 m 时，装配式路面板形状可设计为如图 5.4.2-2 所示矩形。矩形板长 L 应根据以直代曲的矩形中部容许误差 MO 及板块间的最大间距 w 确定，MO 取 10 mm，w 取10 mm。

5.4.3　对平面缓和曲线段的修复，装配式路面板的平面形状宜设计为矩形，平面尺寸设计方法应与圆曲线段的矩形板相同。

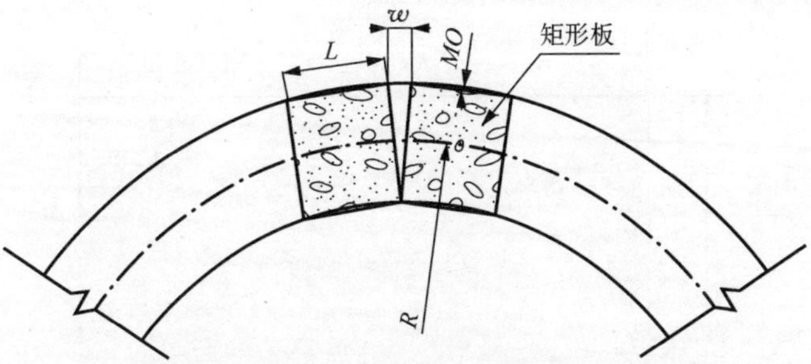

图 5.4.2-2 矩形板块平面布置及尺寸

5.4.4 对交叉口边缘等特定不规则区域的修复，装配式路面板的平面形状及尺寸应单独设计。

5.4.5 对超高过渡段、巷道、交叉口等存在表面为非平面的区域修复，当采用平面板导致较大错台时，装配式路面板应设计为异形板。

5.4.6 当待修复区域为多边形（边数大于 4）异形曲面时，多边形异形曲面宜切割为四边形的异形曲面组合以进行后续设计。

5.4.7 特殊区域的装配式路面板配筋应与普通区域的配筋要求相同，钢筋的方向及线形变化应与板块平面形状及坡度变化一致。

5.5 构造与构件设计

5.5.1 装配式路面板起吊与调平构件应符合下列规定：

1 起吊构件及调平构件宜一体设计，起吊调平预埋构件与混凝土的锚固力应符合板体自重及起吊动荷载的要求，调平螺杆及承载板应符合板块的顶升要求。

2 装配式路面板宜采用四点起吊的方式，最佳吊位比为 1/6～1/5，板的长宽比小于 4∶3 时吊位比宜取低值，反之宜取高值。吊点位置如图 5.5.1 所示，吊位比按式(5.5.1)计算。

$$\lambda = \frac{x}{l} = \frac{y}{b},\ \lambda \in (0,\ 0.5) \tag{5.5.1}$$

3 吊点位置应避开注浆孔等构造。

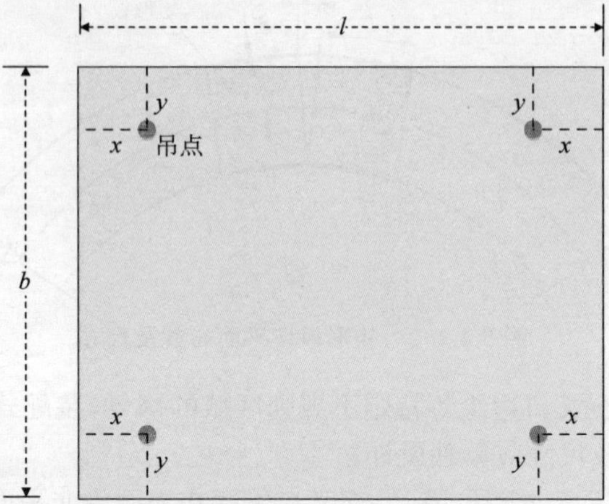

图 5.5.1 装配式路面板吊点布置示意图

5.5.2 路面装配式修复的注浆构造设计应符合下列规定：

1 装配式路面板底应设置注浆构造，如图 5.5.2 所示。分仓式注浆方式的导流槽应沿路面长度方向，每仓间距宜为 1.25 m～2.50 m。中心扩展式注浆方式的导流槽应沿装配式路面板对角线布设，相交于装配式路面板平面几何中心。

2 导流槽截面宜设计为梯形截面或弧形截面，宽度宜为 25 mm～50 mm，高度宜为 10 mm～20 mm。

3 装配式路面板底边缘应采用密封材料封闭，分仓式注浆方式每仓之间应采用密封材料分隔。

4 两种注浆方式均应设置贯穿板厚的注浆孔构造。分仓式注浆的注浆孔应设置于导流槽端部，位置不应与配筋冲突，距横缝宜为 30 cm～50 cm。中心扩展式注浆的注浆孔应设置于装配式路面板平面几何中心。

5 注浆孔直径宜为 50 mm。

6 分仓式注浆方式应设置与注浆孔位置对称、孔径相同的释放孔。

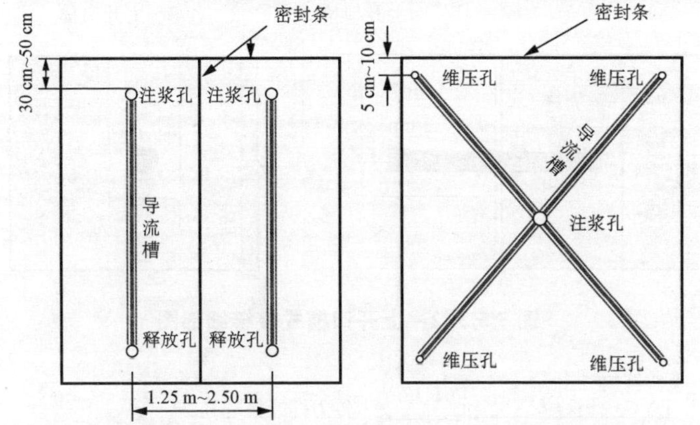

(a) 分仓式注浆　　(b) 中心扩展式注浆

图 5.5.2　板底注浆导流槽平面布置

7　中心扩展式注浆方式应设置直径为 5 mm～10 mm 的维压孔，平面位置距横缝宜为 5 cm～10 cm。

5.5.3　路面装配式修复的接缝构造设计应符合下列规定：

1　装配式路面接缝应采用平缝形式，可采用下开口槽、上开口槽、上窄开口槽、水平孔等形式，如图 5.5.3-1～图 5.5.3-4 所示。

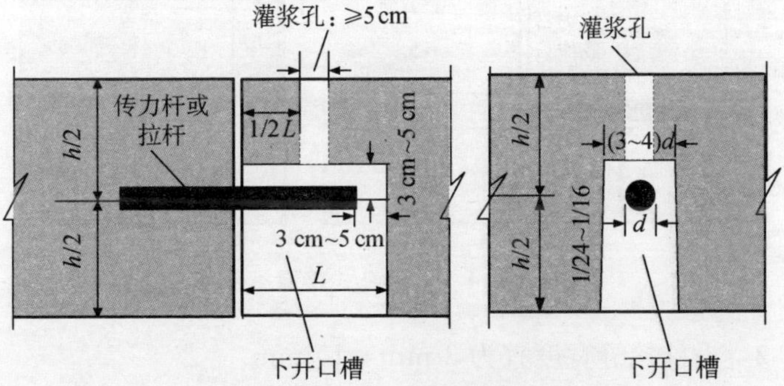

图 5.5.3-1　下开口槽式接缝细部图

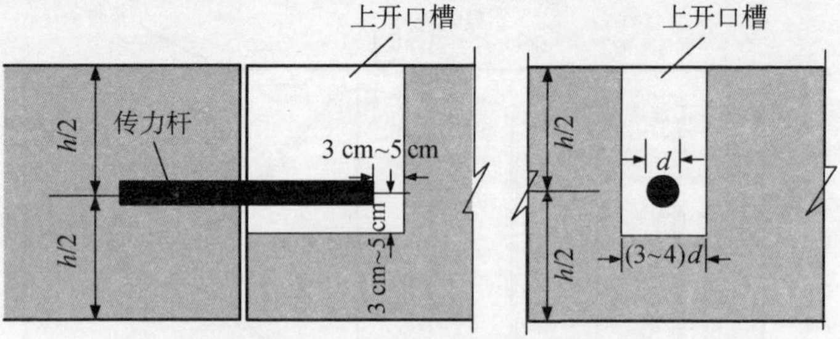

图 5.5.3-2 上开口槽式接缝细部图

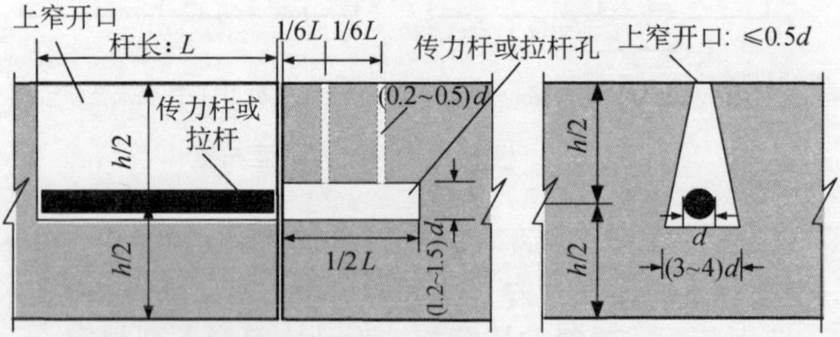

图 5.5.3-3 上窄开口槽式接缝细部图

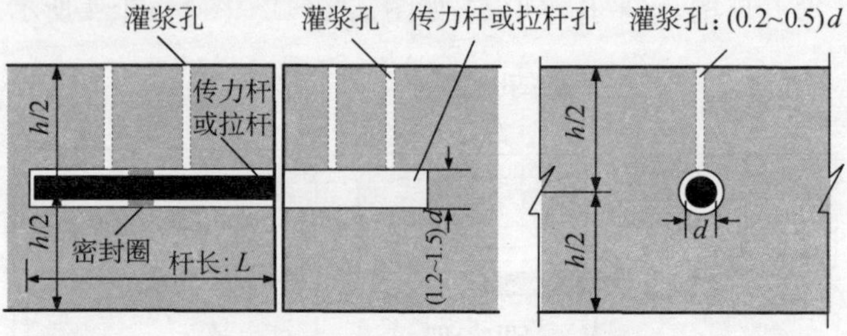

图 5.5.3-4 水平孔式接缝细部图

2 设计接缝宽度宜为 3 mm～10 mm。

3 传力杆或拉杆的直径、长度、布设间距应符合现行行业标准《公路水泥混凝土路面设计规范》JTG D40 的规定。对于渠化明显、轮迹集中的道路，传力杆可仅在每个轮迹带下方布设 4 根～5 根，且间距不应大于 300 mm；对于轮迹分散的交叉口、道路，传力杆宜在接缝处等距布设。

5.5.4 非矩形板的构造及构件设计应符合下列规定：

1 非矩形板的起吊调平构件位置的确定宜按矩形板的相关规定执行。

2 三角形板的注浆方式宜采用中心扩展式注浆，四边形（非矩形）板注浆方式可采用分仓式或中心扩展式注浆，注浆构造的设计可按矩形板的设计方法执行。

6 路面板预制

6.1 一般规定

6.1.1 装配式路面板可采用正模法或倒模法两种预制方式进行预制。

6.1.2 模板的部件之间应连接牢固，避免水泥混凝土浇筑时漏浆。

6.1.3 板块预制宜在预制台上进行，也可在现场进行，现场预制应提前硬化地面，硬化后的地面应平整光洁，不得有下沉、裂缝、起砂等现象。

6.2 预制工艺

6.2.1 板块预制宜采用下列流程：模板拼装→钢筋绑扎与构件安装→水泥混凝土浇筑→板块拆模与养护→板块堆放与储存。

6.2.2 模板及其拼装应符合下列规定：

1 模板材料应符合预制板块质量和生产工艺的要求。

2 模板拼装前，应对模板的配件数量进行检查，并应保证配件表面无锈蚀（钢模板）或损坏。

3 模板拼装完成后，应对模板尺寸及其边角高程进行复核。

6.2.3 钢筋绑扎应符合下列规定：

1 钢筋加工前应先进行外观检验，钢筋表面不应有裂纹、油污和锈蚀。

2 绑扎钢筋长度允许偏差为 5 mm，钢筋网片尺寸允许偏差为 5 mm。

3 钢筋网片入模后，受力主筋的水泥混凝土保护层厚度可采用专用塑料支架或水泥混凝土垫块控制，并应符合设计要求。

6.2.4 构件预埋应符合下列规定：

1 预埋件的固定应保证位置准确，在水泥混凝土浇筑、振捣过程中位置偏差不得大于 5 mm。

2 预埋的线盒和管线应与模板或钢筋固定牢固，并使用发泡聚氨酯进行密封。

3 安装后的预埋构件应根据设计要求核查其类别、数量及布设位置。

4 安装完成后的预埋构件应做防锈处理。

6.2.5 板块浇筑应符合下列规定：

1 水泥混凝土宜采用机械振捣。

2 装配式路面板厚度大于 300 mm 时，水泥混凝土宜分层浇筑。

3 水泥混凝土浇筑过程中应随时检查模板有无漏浆、变形或预埋件有无移位等情况。

6.2.6 装配式路面板脱模后可根据预制施工的条件，选择水浴养护、蒸汽养护、覆盖和涂刷养护剂等养护方式，养护时间不应少于 28 d。

6.3 储存与运输

6.3.1 检验合格的装配式路面板应在板块醒目位置设置表面标识，标识宜包括工程名称、板块编号、制作日期、合格状态和生产单位等信息。

6.3.2 检验合格的装配式路面板应在板块侧面标记安装方向，以方便现场施工。

6.3.3 装配式路面板存放场地宜为硬化地面或经人工处理的自然地坪，应满足平整度和地基承载力要求，并应设有排水设施。

6.3.4 装配式路面板可多层码放，板块底部应用垫木支撑，垫木的位置应根据板块的受力情况合理设置；多层码放时上下垫木的位置应对齐且便于操作，不宜超过 5 层，堆放高度不宜超过 1.80 m。

6.3.5 运输时装配式路面板的多层码放可按存储时的堆放方法进行堆叠，堆叠不应多于 3 层，各层板块应捆绑形成一个整体。

6.3.6 异形板可按本标准第 6.3.4 条进行堆叠存储和运输，同时应保证上下板的空间位置固定。

6.3.7 运输时应将板块紧固于运输车辆上，并应根据运输车辆运力及当地道路要求合理决定每车运送的板块数量。

7 施　工

7.1 一般规定

7.1.1 路面装配式修复工程的施工工艺、机械设备及其数量应根据质量要求、工程规模、进度工期等条件选择。

7.1.2 路面装配式修复工程的施工应注意节约用地，降低能源和材料消耗，保护环境，减少对交通的干扰。

7.1.3 路面装配式修复工程的施工应注意保护修复地段的各种地下管线和相关设施。

7.2 施工流程

7.2.1 水泥混凝土路面装配式修复工程的施工宜采用下列流程：封闭交通→旧路破除→基层处理→板块安装→接缝处理→板底注浆→验收。

7.2.2 沥青路面装配式修复工程的施工宜采用下列流程：封闭交通→旧路破除→基层处理→板块安装→接缝处理→板底注浆→加铺层摊铺→验收。

7.3 旧路破除

7.3.1 旧路破除的设计切割区域应进行准确放样。

7.3.2 对水泥混凝土路面修复，旧路破除应符合下列规定：

1 旧水泥混凝土路面板移除前，板块边线宜采用全深度切割，切割误差不宜大于 3 mm。

2 切割时间应根据具体工作量以及交通情况、天气情况、周围环境等安排。

3 在完成边界切割作业后，旧路面可使用镐头机破碎或整板起吊的方法进行破除。

4 旧路面破除应避免损坏修复区域外的板块。

7.3.3 对沥青路面修复，旧路破除应符合下列规定：

1 面层和基层宜采用铣刨方式破除。

2 修复区域边线铣刨误差宜控制在 5 mm 内。

3 铣刨时间应根据具体工作量以及交通情况、天气情况、周围环境等安排。

7.4 基层处理

7.4.1 旧路破除后宜对基层进行处理，高出设计标高的部分基层应挖除，低于设计标高的部分基层应使用基层整平材料填补，处理后的基层应平整、密实，且坡度与设计路面的坡度相同。

7.4.2 基层整平材料应根据既有路面基层材料类型和施工时间要求选用，且应符合下列规定：

1 整平层材料应符合现行行业标准《公路路面基层施工技术细则》JTG/T F20 或《城镇道路工程施工与质量验收规范》CJJ 1 的相关规定。

2 天然砂砾、级配碎石等柔性基层宜选用天然砂砾整平，基层的碾压应符合现行行业标准《公路路面基层施工技术细则》JTG/T F20 或《城镇道路工程施工与质量验收规范》CJJ 1 的相关规定，整平层厚度不宜超过 15 mm。

3 无机结合料稳定碎(砾)石等半刚性基层可根据工期长短选用细石水泥混凝土或水泥基类快速修补材料进行整平。

7.4.3 原路面基层在状况较差、施工时间充足时，宜整体挖除并重新铺筑。

7.4.4 基层处理的质量检验应符合现行行业标准《公路路面基层施工技术细则》JTG/T F20 或现行上海市工程建设规范《城市道路桥梁工程施工质量验收规范》DG/TJ 08—2152 的相关规定。

7.5 板块安装

7.5.1 吊车及吊环应根据装配式路面板的重量选取。

7.5.2 吊具、钢丝绳、卡具和吊耳等配件应在起吊前进行检查，满足要求后方可进行作业。

7.5.3 起吊过程中装配式路面板宜保持水平。

7.5.4 安装的板块数大于 2 时，板块的设计平面位置宜使用全站仪放样并精调。

7.5.5 板块放置完成后，板块的高程应使用调平螺杆调整，调平过程中板角高程应实时测量，以达到设计标高。

7.5.6 安装完成后的板块接缝宽度不宜大于 10 mm。

7.5.7 安装完成后的板块四个角的高程与设计高程差值不应大于 2 mm。

7.6 接缝处理

7.6.1 槽口灌浆材料在灌浆时应保持流动性，完成单个传力杆(拉杆)槽的灌浆过程不宜超过 5 min。

7.6.2 灌浆操作应防止灌浆材料外漏，可使用漏斗工具与插捣钢筋加速完成灌浆。

7.6.3 灌浆完成后应自下而上填充灌浆孔。

7.6.4 接缝应使用填缝料进行填充密封，密封时应避免填缝料污染装配式路面表面。

7.7 板底注浆

7.7.1 注浆设备和注浆材料应在板底注浆前进行检查，以确保注浆设备可用、注浆材料符合设计性能要求。

7.7.2 分仓式注浆工艺宜采用自标高低处向高处注入浆液的方式。

7.7.3 注浆宜采用连续式注浆。

7.7.4 注浆过程中，装配式路面板表面可使用塑料膜或土工布保护，避免浆液污染板块表面。

7.7.5 注浆结束时刻应根据下列方法判定：

1 分仓式注浆应在释放孔浆液液面不下降时停止注浆。

2 中心扩展式注浆应在注浆压力值达到控制值时停止注浆。

7.7.6 注浆停止后，注浆孔及释放孔应使用止浆塞及时封闭。

7.7.7 注浆停止后，注浆设备应及时清洗，避免浆液凝固堵塞设备。

7.7.8 当浆液凝固后，注浆孔和释放孔或维压孔应使用快凝材料封堵抹平，确保孔内填充密实。

7.8 加铺层摊铺

7.8.1 加铺层应在注浆材料抗压强度达到 2.0 MPa 且撤去调平螺杆后进行摊铺。

7.8.2 装配式路面板表面在加铺层摊铺前应保持整洁，装配式路面标高、弯沉、接缝宽度等应符合设计要求。

7.8.3 普通沥青混合料层的施工应按现行行业标准《公路沥青路面施工技术规范》JTG F40 或《城镇道路工程施工与质量验收规范》CJJ 1 执行。

7.8.4 超薄磨耗层的施工可按现行行业标准《公路沥青路面养护

技术规范》JTG 5142 关于超薄罩面施工的相关规定执行。

7.9 特殊区域施工

7.9.1 特殊区域的施工过程精度要求宜与普通区域相同。

7.9.2 包含预制井圈的装配式路面板的安装应保证井圈与原井的相对位置关系一致。

7.9.3 特殊平面形状区域的旧路路面应根据设计方案进行切割，切割误差不应大于 3 mm。

7.9.4 在超高过渡段、巷道、交叉口等存在路表为扭曲面的区域，处理完毕后的基层坡度宜与路表设计坡度一致。

7.10 附属设施施工

7.10.1 公路和城镇道路的护栏、路缘石、进口坡、排水沟等附属设施施工可分别按现行行业标准《公路交通安全设施施工技术规范》JTG F71、《公路路基施工技术规范》JTG/T 3610 和《城镇道路工程施工与质量验收规范》CJJ 1 的相关规定执行。

7.10.2 大面积的路面装配式修复工程附属设施施工可与路面施工同时进行，附属设施施工不应影响路面施工。

8 质量检验

8.1 一般规定

8.1.1 工程施工质量应符合本标准及现行上海市工程建设规范《公路养护工程质量检验评定标准》DG/TJ 08—2144 和《城市道路桥梁工程施工质量验收规范》DG/TJ 08—2152 的相关规定。

8.1.2 路面装配式修复工程预制、施工的全过程应做好质量控制。工序未经验收合格前，严禁后一道工序施工。

8.2 材 料

8.2.1 水泥混凝土的质量检验应符合下列规定：

1 水泥混凝土的原材料应符合本标准第 4.1 节的相关规定。

检查数量：每 30 t 为一批次，不足 30 t 按一批次计，每批次抽样检查 1 次。

检验方法：检查产品合格证、出厂检验报告，进场复验。

2 水泥混凝土的强度应符合本标准第 4.1 节的相关规定。

检查数量：按浇筑批次，每批次至少预留 6 个试件。

检验方法：检查配合比设计时的强度试验报告，预制时抽样检验。

8.2.2 槽口灌浆材料的质量检验应符合下列规定：

1 槽口灌浆材料应符合本标准第 4.2 节的相关规定。

检查数量：每 10 t 为一批次，不足 10 t 按一批次计，每批次抽样检查 1 次。

检验方法：检查产品合格证、出厂检验报告，进场复验。

2　槽口灌浆材料的强度等技术指标应符合本标准第 4.2 节的相关规定。

检查数量：同一配合比，每 10 块板检验 1 组（6 个试件）。不足 10 块板时，按 1 组计。

检验方法：检查试验报告，现场抽样检验。

8.2.3　板底注浆材料的质量检验应符合下列规定：

1　板底注浆材料的原材料应符合国家现行标准的相关规定。

检查数量：按材料进场批次，以 20 t 为一批次，不足 20 t 按批次计。每批次抽样检查 1 次。

检验方法：检查产品合格证、出厂检验报告，进场复验。

2　板底注浆材料的性能应满足本标准第 4.3 节的相关规定。

检查数量：同一配合比，每 10 块板检验 1 组（6 个试件）。不足 10 块板时，按 1 组计。

检验方法：检查试验报告，现场抽样检验。

8.2.4　加铺层材料的质量检验应符合下列规定：

1　加铺层材料的原材料应符合本标准第 4.4 节的相关规定。

检查数量：每 20 t 为一批次，不足 20 t 按一批次计，每批次抽样检查 1 次。

检验方法：检查产品合格证、出厂检验报告，进场复验。

2　加铺层材料的混合料应符合本标准第 4.4 节的相关规定。

检查数量：每日、每品种检查 1 次。

检验方法：检查试验报告，现场抽样检验。

8.3　预制板成品

8.3.1　装配式路面板的成品应进行全数质量检查，检验合格后方可移入成品库。质量检验标准应符合表 8.3.1 的规定。

表 8.3.1 板块质量技术要求

检验项目	单位	允许偏差	检验方法
外观检验(裂缝)	条	0	目测
外观检验(剥落、麻面)	处	0	目测
尺寸偏差(长、宽)	mm	−3～3	钢直尺
厚度偏差	mm	−1.5～1.5	钢直尺
抗滑构造深度	mm	按设计要求	铺砂法
传力杆水平及竖直偏位	mm	−2.5～2.5	钢直尺
传力杆偏转	度	−5～5	量角器

8.3.2 对质量检验不合格的板块，若采用技术措施处理后，二次检验合格则可放入成品库；若采用技术措施处理后仍不合格或不能采用技术措施处理，则此装配式路面板为废板，不得放入成品库。

8.4 装配式路面面层

8.4.1 装配式路面的外观检查应符合下列规定：

1 装配式水泥混凝土路面外观不应有露石、蜂窝、麻面、裂缝、脱皮、啃边、掉角、印痕等现象。接缝填缝料应平实、粘结牢固，缝缘应保持清洁整齐。

检查数量：全数检查。

检验方法：观察。

2 装配式复合路面表面应平整、坚实，接缝紧密，无枯焦；不应有明显轮迹、推挤裂缝、脱落、烂边、油斑、掉渣等现象，不得污染其他构筑物。面层与路缘石、侧平石及其他构筑物应接顺，不得有积水现象。

检查数量：全数检查。

检验方法：观察。

8.4.2 装配式路面抗滑性能应符合设计要求。

检查数量：构造深度和摩擦系数摆值每 1 km 选择 5 个点测量，横向力系数全线连续测定。

检验方法：铺砂法、摆式摩擦仪、横向力系数车。

8.4.3 装配式路面的平整度应符合表 8.4.3-1 和表 8.4.3-2 的规定。

表 8.4.3-1 装配式水泥混凝土路面平整度质量技术要求

检验项目	高级公路、一级公路或快速路、主干路	其他公路或其他城镇道路	检查方法和频率
标准差	≤1.2 mm	≤1.8 mm	平整度仪：按每 100 m 计算 *IRI* 或标准差
IRI	≤2.0 m/km	≤3.0 m/km	
3 m 直尺最大间隙	≤2 mm	≤3.2 mm	3 m 直尺：每 200 m 测 2 处×5 尺，取最大值

表 8.4.3-2 装配式复合路面平整度质量技术要求

检验项目	高级公路、一级公路或快速路、主干路	其他公路或其他城镇道路	检查方法和频率
标准差	≤1.2 mm	≤2.5 mm	平整度仪：按每 100 m 计算 *IRI* 或标准差
IRI	≤2.0 m/km	≤4.2 m/km	
3 m 直尺最大间隙	—	≤5 mm	3 m 直尺：每 200 m 测 2 处×5 尺，取最大值

8.4.4 装配式水泥混凝土路面的相邻板高差不应大于 3 mm。加铺层为超薄磨耗层时，装配式复合路面的相邻板高差不应大于 3 mm；加铺层为普通沥青混合料层时，装配式复合路面的相邻板高差不应大于 5 mm。

检查数量：纵、横缝每 200 m 抽查 2 条，每条 2 处。

检验方法：采用直尺或错台仪测量。

8.4.5 装配式路面的纵断面高程与横坡坡度应符合表 8.4.5-1 和表 8.4.5-2 规定。

表 8.4.5-1　装配式水泥混凝土路面纵断面高程与横坡坡度质量技术要求

检验项目	高级公路、一级公路或快速路、主干路	其他公路或其他城镇道路	检查方法和频率
纵断面高程	−5 mm～5 mm	−8 mm～8 mm	水准仪：每 1 km 测 20 个断面
横坡度	−0.2%～0.2%	−0.2%～0.2%	

表 8.4.5-2　装配式复合路面纵断面高程与横坡坡度质量技术要求

检验项目	高级公路、一级公路或快速路、主干路	其他公路或其他城镇道路	检查方法和频率
纵断面高程	−15 mm～15 mm	−20 mm～20 mm	水准仪：每 1 km 测 20 个断面
横坡度	−0.3%～0.3%	−0.5%～0.5%	

8.4.6　装配式路面板接缝宽度应符合设计要求。

检查数量：纵、横缝每 200 m 抽查 2 条，每条 2 处。

检验方法：使用钢直尺，每处分别量取接缝线两端、接缝线中点的板间缝宽后取平均值，读数精确到 1 mm。

8.4.7　加铺前的装配式路面板接缝处传荷能力及弯沉应符合表 8.4.7的规定。

表 8.4.7　加铺前的装配式路面板接缝处传荷能力及弯沉技术要求

检验项目	允许偏差	检查方法和频率
挠度传荷系数	≥75%	落锤式弯沉仪：横缝每 200 m 抽查 2 条，每条 2 处
接缝弯沉差	≤0.06 mm	
接缝处单边弯沉	≤0.2 mm	

8.4.8　装配式路面可采用板底接触状态智能监测系统进行脱空评定；条件受限时，可采用弯沉值超过 0.2 mm 作为脱空判定标准。

检查数量：每 200 m 抽查 4 块板。

检验方法：使用弯沉测定法判定。

8.5 竣工资料

8.5.1 竣工资料应包含完整的路面装配式施工记录，内容应包括施工时间、施工精度、接缝处理和注浆时的具体参数（灌浆注浆充盈情况、材料用量等）以及加铺层的摊铺温度和压实度等，并应具有监理和建设单位代表的签字。

8.5.2 工程质量保证资料应符合现行上海市工程建设规范《公路养护工程质量检验评定标准》DG/TJ 08—2144 的相关规定。

本标准用词说明

1 为便于在执行本标准条文时区别对待，对要求严格程度不同的用词说明如下：

1）表示很严格，非这样做不可的用词：

正面词采用“必须”；

反面词采用“严禁”。

2）表示严格，在正常情况下均应这样做的用词：

正面词采用“应”；

反面词采用“不应”或“不得”。

3）表示允许稍有选择，在条件许可时首先应这样做的用词：

正面词采用“宜”；

反面词采用“不宜”。

4）表示有选择，在一定条件下可以这样做的用词，采用“可”。

2 条文中指明应按其他有关标准执行时的写法为“应符合……的规定”或“应按……执行”。

引用标准名录

1 《混凝土结构设计规范》GB 50010

2 《钢结构设计标准》GB 50017

3 《城镇道路工程施工与质量验收规范》CJJ 1

4 《城镇道路路面设计规范》CJJ 169

5 《公路水泥混凝土路面设计规范》JTG D40

9 《公路工程沥青及沥青混合料试验规程》JTG E20

7 《公路路面基层施工技术细则》JTG/T F20

8 《公路水泥混凝土路面施工技术细则》JTG/T F30

9 《公路沥青路面施工技术规范》JTG F40

10 《公路交通安全设施施工技术规范》JTG F71

11 《公路工程水泥及水泥混凝土试验规程》JTG 3420

12 《公路路基施工技术规范》JTG/T 3610

13 《公路沥青路面养护技术规范》JTG 5142

14 《公路水泥混凝土路面养护技术规范》JTJ 073.1

15 《城市道路养护技术规程》DG/TJ 08—92

16 《公路技术状况评定规程》DG/TJ 08—2095

17 《公路养护工程质量检验评定标准》DG/TJ 08—2144

18 《城市道路桥梁工程施工质量验收规范》DG/TJ 08—2152

19 《道路注浆加固技术规程》DG/TJ 08—2240

上海市工程建设规范

路面装配式修复技术标准

DG/TJ 08—2380—2021

J 15916—2021

条 文 说 明

2022 上海

目　次

Contents

1 总 则

1.0.1 实践表明，对路面采用装配修复技术可有效缩短施工周期，延长路面的结构寿命，减少环境污染，但目前国内尚无针对路面装配式修复的指导性规范，因此特制定本标准，以推广该技术的应用。

3 基本规定

3.0.1 对水泥混凝土路面，本标准主要适用于板块断裂的结构性损坏，特殊情况下也可用于功能性能不足的面板更换；对沥青路面，本标准主要适用于结构性损坏的修复，特别是基层存在结构性损坏的情况。

4 材 料

4.2 接缝材料

4.2.1 常温施工类填缝料的低温抗裂性能、抗老化性能等一般优于加热类填缝料,建议优先选用硅酮类或聚硫类填缝材料。

4.3 板底注浆材料

4.3.2 当撤去螺杆或开放交通时,板底注浆材料抗压强度较低易导致板块在自重或荷载的作用下下沉,根据相关研究规定了板底注浆材料的最小抗压强度。另外,各种板底注浆材料抗压强度随时间的变化存在差异,需提前开展试验测定其抗压强度。浆液"可工作时间"以"凝结时间"计。

5　结构与构造设计

5.1　一般规定

5.1.1　装配式水泥混凝土路面结构和装配式复合路面结构分别适用于水泥混凝土路面的装配式修复和沥青路面的装配式修复。

5.2　旧路检测

5.2.1　旧路检测资料是路面装配式修复设计的基础资料，全面的旧路检测可保证设计方案的合理性。

5.2.2　沥青路面修复面积不大于 80 m^2 或修复水泥混凝土板块数量不大于 4 块时，为局部修复；沥青路面修复面积大于 80 m^2 或修复水泥混凝土板块数量大于 4 块时，为大面积修复。测点的数量影响着路面三维高程测量的精确度，对表面非平面区域，宜适量增加测点数量。

5.3　普通区域结构设计

5.3.1　在特殊情况（如装配式预应力路面修复）下，路面板长度最长可到 9.00 m。考虑长宽比、运输限宽和车道宽度，路面板的宽度一般为 2.50 m～3.75 m。

5.3.4　旧路基层顶面当量回弹模量是厚度设计的关键参数，宜取旧路检测结果。当既有路面结构性能不足时，路面板以下的结构应在旧路破除后进行补强，基层顶面当量回弹模量可按相关标准的经验值计算。路面板弯拉弹性模量宜按现行行业标准《公路工程水泥及水泥混凝土试验规程》JTG 3420 实测。

5.3.5 装配式复合路面的加铺层厚度还可根据抑制反射裂缝扩展、减小层间剪切应力等实际需求拟定。

5.3.6 旧路基层顶面当量回弹模量可结合旧路结构层钻芯材料组成及性能情况、结构层厚度及基层拟铣刨深度(与拟定路面板厚度相关)依经验综合确定。加铺层及路面板材料参数宜通过试验实测确定。

5.3.7 装配式复合路面减缓反射裂缝的措施包括:

1 在加铺层中添加纤维及橡胶等改性材料。

2 在装配式水泥混凝土路面顶部设应力吸收层、聚酯玻纤布或土工织物夹层。

5.3.8 装配式路面板的配筋应综合考虑温度收缩和安全性要求,宜按双层配筋设计。在计算板块起吊和运输过程中的正截面承载力时,板块可简化为连续梁模型,梁的弯矩分布见图 1。正截面承载力计算方法可按现行国家标准《混凝土结构设计规范》GB 50010 执行。

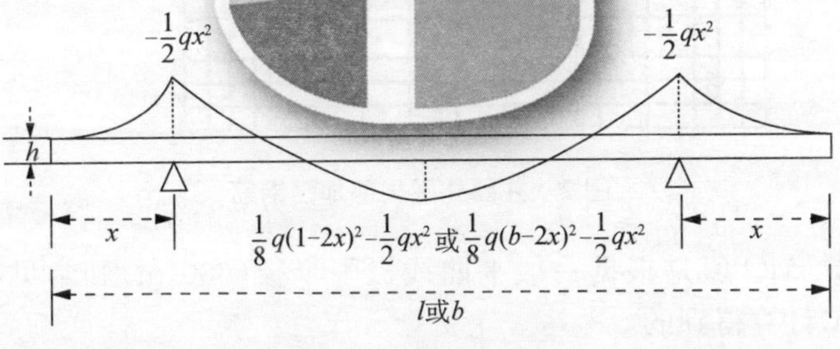

图 1 连续梁弯矩图

图中:x 为吊点距离横边(纵边)的距离(m);$q=bhg\rho$ 或 $q=lhg\rho$,其中 b 为横边长度(m),l 为纵边长度(m),h 为板厚(m),g 为重力加速度(m/s^2),ρ 为路面板密度(kg/m^3)。

5.4 特殊区域结构设计

5.4.1 井圈与装配式路面板集成预制方法为：将井圈部位的配筋截断，增设局部加强钢筋；加强钢筋包括与钢筋网格平行的加强钢筋以及环绕井圈下延的圆形钢筋，如图 2 所示。加强钢筋分为上、下两层，并加设箍筋，钢筋宜设在板面下 1/3～1/2 板厚范围内，距离井圈边缘的距离为 100 mm。

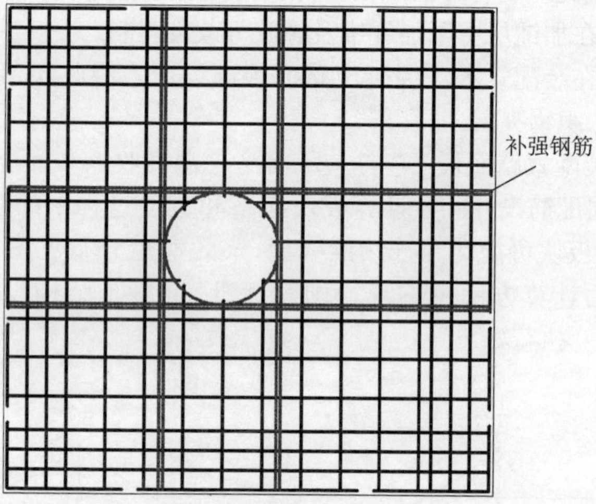

图 2 井圈外围局部加强钢筋

5.4.2 *MO* 值是根据一般平曲线极限半径（300 m）和常见板长（5 m）计算得到的。

规定中的平曲线半径阈值 2 000 m 根据单板宽度（3.75 m）及最大横缝宽度 w（10 mm）确定；当修复区域为多车道时，可使用矩形板的平曲线半径阈值还需根据车道数进一步确定，如表 1 所示。

表 1　车道数与平曲线半径阈值的关系(板宽为 3.75 m)

车道数	平曲线半径阈值(m)
1	2 000
2	4 000
3	6 000
4	8 000
5	10 000

5.4.5　本标准中,错台超过 3 mm 时定义为较大错台。装配式矩形异形板的设计如图 3 所示。

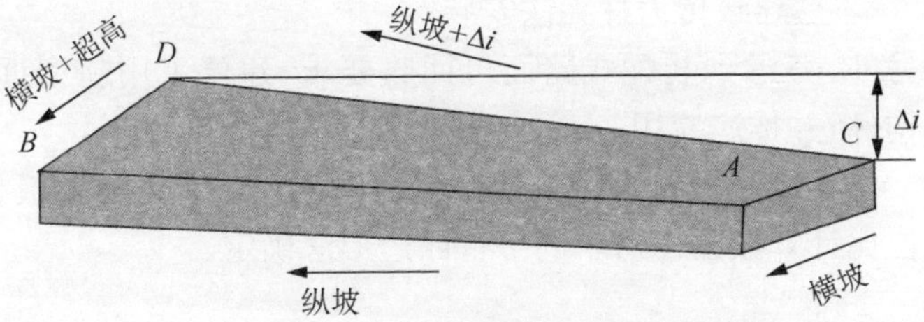

图 3　矩形异形板块设计

5.5　构造与构件设计

5.5.2　分仓式和中心扩展式注浆是基于浆液的扩散模型提出的,可有效提高浆液的扩散效率。板底密封条可选用三元乙丙橡胶材料。

5.5.3　接缝构造形式可根据实际需求选用,本标准中接缝构造形式的特点为:

1) 下开口式:槽口向下,即使传力杆槽内未注入灌浆材料,仍可暂时开放交通,便于分阶段施工,且避免了传力杆槽内的灌浆材料承受车辆荷载的作用,但灌浆较为烦琐,且可能灌浆不充盈;

2）上开口式：槽口较宽，影响车辆行驶，在传力杆槽内灌入水泥混凝土前，不能开放交通，且容易产生冲击破坏，但施工方式简单；

3）上窄开口式：预留梯形槽口、上开口较小，因此并不影响交通通行，可分阶段施工，槽内填入的灌浆料并不直接承担车辆荷载，减少了发生破碎的可能，但预制时脱模不易，且可能灌浆不充盈；

4）水平孔式：消除了槽口，便于分阶段装配施工，最大限度地保证了水泥混凝土板的完整性，但是对铺面板预制和周边板钻孔的精度要求较高，水平孔错位或角度偏差容易导致传力杆无法安装。

另外，考虑到装配式路面可回收要求，建议采用新型拆装式接缝构件，并推广应用。

5.5.4 非矩形板起吊调平构件位置的吊位比定义与矩形板相同，其吊位比计算按图 4 所示的平行四边形法确定。

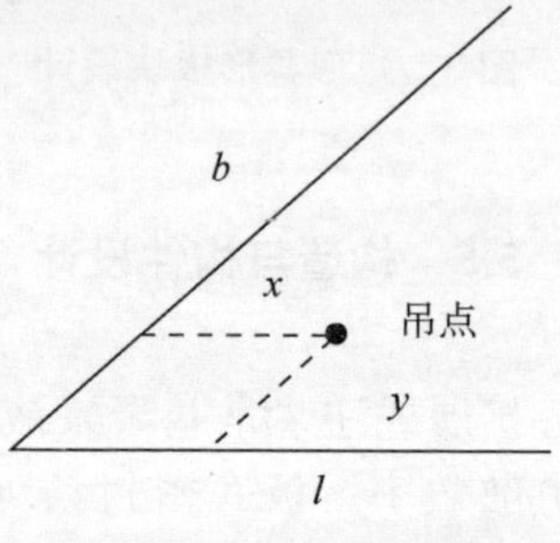

图 4　吊位比计算示意图

图中，吊位比为：$\lambda=\frac{x}{l}=\frac{y}{b}$。

6 路面板预制

6.1 一般规定

6.1.1 装配式路面板预制方法可根据实际情况选择。使用正模法预制，模具构造简单，便于固定预埋构件，但需要刮平、刻槽等操作，施工过程相对烦琐；使用倒模法预制，即浇筑时水泥混凝土板顶面与底模接触，预制操作步骤少，板面的平整度及纹理可以得到较好保证，有利于提高预制效率，但预埋构件布置困难，预制板翻身较为麻烦。

6.3 储存与运输

6.3.4 由于板块自重较大，过高的码放增加安全风险，故高度不宜超过 5 层，堆放高度限制也基本符合一般厚度(240 mm)的板 5 层码放的高度(已考虑垫木厚度)。

6.3.5 板块运输时可能受到车辆竖向振动、水平加速度等综合作用，故规定运输时堆叠不应多于 3 层。

7 施工

7.3 旧路破除

7.3.2,7.3.3 旧路破除误差不符合本条要求时,过切部分可采用快凝材料填充。

7.5 板块安装

7.5.2 起吊前检查要求为:吊具型号正确;卡具、吊耳外观上无磨损;钢丝绳应为全新的钢丝绳。

7.6 接缝处理

7.6.1 槽口灌浆是路面板安装工艺中较为耗时的步骤,因此应尽量快速灌浆,必要时可多人同时操作。

7.6.3 灌浆操作完成后,灌浆孔表面可能有多余灌浆材料,可使用刮刀刮去多余材料,使路面板表面平整少痕。

7.7 板底注浆

7.7.2 在分仓式注浆中,导流槽端部一个孔作为注浆孔,另一个孔作为释放孔,注浆孔选择高程较低的孔,以保证注浆的充盈性。

7.7.5 中心扩展式注浆的压力控制值 p 可按以下公式计算:

$$(1+\beta)\times p_0 \leqslant p \leqslant (1-\beta)\times p_g \tag{1}$$

式中:β——安全系数,通常取 0.2;

p_0——保证注浆扩散的压力(Pa)；

p_g——装配式路面板顶升液压上限值(Pa)。

p_0,p_g可分别按以下公式计算：

$$p_0=\frac{3q\eta}{4\pi b^3}\ln\frac{R}{r_0}+\frac{3\mid\tau_0\mid}{2b}(R-r_0)-\rho g\sin\alpha\cos\beta(r-r_0) \tag{2}$$

式中：p_0——注浆压力(Pa)；

q——注浆机流量(m^3/s)；

η——浆液的塑性黏度(Pa·s)；

τ_0——浆液的屈服剪切应力(Pa)；

$2b$——注浆空隙的高度(m)；

R——扩散距离(m)；

r_0——注浆孔半径(m)；

ρ——浆液密度(kg/m^3)；

g——重力加速度(m/s^2)；

α——注浆空隙的倾角(°)；

β——注浆空隙的方向角(°)。

$$p_g=\rho_{板}\,gh_{板} \tag{3}$$

式中：p_g——顶升液压(Pa)；

$\rho_{板}$——装配式路面板密度(kg/m^3)；

g——重力加速度(m/s^2)；

$h_{板}$——装配式路面板厚度(m)。

7.8 加铺层摊铺

7.8.1 加铺层摊铺需要用到重型摊铺机械，为了避免安装完成的路面损坏，规定板底功能层材料的强度达到开放交通的强度方可进行加铺层摊铺。

8 质量检验

8.3 预制板成品

8.3.2 板块检验不合格时，可采取技术措施处理的项目有：细小麻面、剥落，尺寸偏差（长、宽），抗滑构造深度。

8.4 装配式路面面层

8.4.2 装配式水泥混凝土路面的抗滑性能检查项目为构造深度，装配式复合路面则可选用构造深度、摩擦系数摆值及横向力系数中的一种或多种作为检查项目。

8.4.8 板底监测系统是在板底预先埋设传感器用以监测板底脱空的技术手段。弯沉测定法可按现行行业标准《公路水泥混凝土路面养护技术规范》JTJ 073.1 实施。